Yn y Gegi̇ Gareth

Gareth Richards

Ffotograffiaeth gan

Hazel Thomas

Hwyl o'r gegin
Gareth x

GOMER

Argraffiad cyntaf – 2003

ISBN 1 84323 312 6

Mae Gareth Richards wedi datgan ei hawl dan ddeddf
Hawlfraint, Dyluniadau a Phatentau 1988 i gael ei gydnabod fel
awdur y llyfr hwn.

Dymuna'r cyhoeddwyr gydnabod cymorth
Cyngor Llyfrau Cymru.

Argraffwyd yng Nghymru gan
Wasg Gomer, Llandysul, Ceredigion

DIOLCH

Hoffwn ddiolch i'm teulu am eu cymorth ac am flasu'r ryseitiau a rhoi
eu barn. Diolch hefyd yn arbennig i Hazel Thomas am ei chymorth a
hwb ymlaen. Yn olaf, diolch i Bethan Mair a phawb yng Ngwasg Gomer.

Cynnwys

Rhagair

Mae Gareth Richards yn un o'r wynebau ifanc, serchog hynny sy'n adnabyddus ledled Cymru. Mae ei amrywiaeth eang o sgiliau yn glod iddo, a'i arddangosiadau amrywiol yn aros yn hir yn y cof. Mae wedi creu campweithiau coginiol mewn neuaddau bach a mawr, trwy gynnal arddangosfeydd a nosweithiau o adloniant i grwpiau niferus, megis Merched y Wawr.

Rwy'n sicr fod nifer o'n haelodau ni wedi breuddwydio am weld Gareth yn cyrraedd ar stepen y drws fore Nadolig, er mwyn paratoi gwledd heb ei hail ar yr aelwyd. Byddai'r bwyd yn flasus, y blodau'n hardd a'r addurniadau a'r danteithion yn gofiadwy – y lliwiau'n ymdoddi i'w gilydd yn fendigedig a'r llestri'n anarferol o drawiadol. Byddai'r cwmni difyr yn hufen ar y cyfan.

Mae'r llyfr hwn yn mynd â ni un cam yn nes at y freuddwyd honno, trwy sicrhau ein bod yn cael arweiniad gan Gareth i greu campweithiau cofiadwy. Mae'n defnyddio'r cynnyrch gorau, ac yn dewis bwydydd lleol neu Gymreig ar bob cyfle posibl.

Cawn gyfle nawr i baratoi, i brofi ac i fwynhau'r ryseitiau. Diolch i ti, Gareth, am dy greadigaethau blasus.

Tegwen Morris
Trefnydd Cenedlaethol Merched y Wawr

Cyflwyniad

Dechreuodd fy niddordeb mewn bwyd yn gynnar iawn yn fy mywyd. Roedd fy mam-gu wedi ymddiddori mewn coginio erioed ac yn arbrofi â gwahanol ryseitiau'n wythnosol. Cofiaf dreulio oriau'n ei gwylio'n creu tartenni a rhyfeddu at ei dawn naturiol, a minnau prin cyn daled â'r bwrdd bryd hynny.

Parhau i flodeuo wnaeth fy niddordeb yn yr ysgol, ac roedd ennill cystadlaethau coginio sirol a chenedlaethol gyda mudiad y Ffermwyr Ifainc yn llwyfan i mi droedio ymhellach.

Yn sicr, un o uchafbwyntiau fy mywyd hyd yn hyn oedd ennill rownd gyntaf *Masterchef* yn 1995. Yn dilyn y llwyddiant hwn, dyma ddechrau ar fy nhaith o amgylch Cymru yn diddanu canghennau Ferched y Wawr, Sefydliad y Merched, Cylch y Merched a llawer mudiad arall. Rwy'n parhau i deithio a chael cyfle i gwrdd â chymeriadau gwahanol ac yn cael croeso cynnes a digon o sbort yn eu plith.

Rwyf hefyd yn rhan o dîm hyrwyddo bwyd Cymreig ac yn symud o sioe i sioe ac o 'steddfod i 'steddfod. Cefais gyfle hefyd i gymryd rhan yn y rhaglen *Heno* ar S4C, a bellach rwy'n paratoi danteithion yng nghegin *Prynhawn Da* ar S4C digidol.

Cyfuniad o ryseitiau syml a modern sydd rhwng cloriau'r llyfr hwn, yn cynnwys amrywiaeth o gynhwysion Cymreig. Teimlaf ei bod yn bwysig i ddefnyddio'r cynnyrch sydd gennym yng Nghymru er mwyn sicrhau gwir flas.

Hwyl o'r gegin,

Gareth

PWYSAU A THYMHEREDD

Pwysau	
	Metrig
½ owns	10g
¾ owns	15g
1 owns	25g
1½ owns	40g
2 owns	50g
2½ owns	65g
3 owns	75g
4 owns	110g
4½ owns	125g
5 owns	150g
6 owns	175g
7 owns	200g
8 owns	225g
9 owns	250g
10 owns	275g
12 owns	350g
1 pwys	450g
1½ pwys	700g
2 bwys	900g
3 phwys	1.35kg

Tymheredd Cymharol					
°C	°F	Nwy	°C	°F	Nwy
140	275	1	200	400	6
150	300	2	220	425	7
160	325	3	230	450	8
175	350	4	240	475	9
190	375	5			

Pan fyddwch yn defnyddio'r ryseitiau hyn,
penderfynwch ar un dull o fesur a phwyso.
Peidiwch byth â chymysgu pwysau a mesurau
metrig a'r hen ddull o fewn yr un rysáit,
neu fydd y rysáit ddim yn gweithio cystal.

Cwrs Cyntaf

CYNHWYSION

Pancos

175g / 6 owns o flawd codi /
   175g / 6oz self-raising flour
halen a phupur / *salt and pepper*
150ml / ¼ peint o laeth sgim /
   150ml / ¼ pint skimmed milk
2 wyn wy / *2 egg whites*
1 llwy fwrdd o dil ffres /
   1 tbsp fresh dill
1 llwy de o fwstard grawn
   cyflawn /
   1 tsp wholegrain mustard
croen 1 leim / *rind of 1 lime*
110g / 4 owns o eog wedi'i fygu /
   110g / 4oz smoked salmon

Cawl mango

sudd 1 leim / *juice of 1 lime*
1 mango mawr / *1 large mango*
1 llwy bwdin o gapyrs /
   1 dsp capers
275ml / ½ peint o win gwyn /
   ½ pint white wine

PANCOS EOG GYDA CHAWL MANGO

SALMON PANCAKES WITH MANGO SOUP

Mae'r cyfuniad o'r eog wedi'i fygu a blas ffres y cawl mango yn arbennig. Teimlaf fod y pancos hyn yn fwy ysgafn na'r rhai traddodiadol, oherwydd dim ond y gwyn wy a ddefnyddir. Cwrs cyntaf blasus, syml a diddorol.

DULL

1. Rhidyllwch y blawd, yr halen a'r pupur i bowlen. Gwnewch bant yn y canol ac ychwanegwch y llaeth a'r gwyn wy; cymysgwch nes ei fod yn gytew llyfn.
2. Torrwch y dil yn fân a'i ychwanegu, gyda'r mwstard, at y cytew.
3. Cynheswch ffrimpan ac irwch ag ychydig olew. Arllwyswch y cytew i'r ffrimpan yn gylchoedd fesul llond llwy a choginio'r pancos am tua 20 eiliad ar y ddwy ochr nes eu bod yn euraidd.
4. Ar gyfer y cawl, torrwch y mango'n ddarnau mân, ei roi gyda'r cynhwysion eraill mewn hylifwr a malu'r cyfan yn fân. Yna oerwch yn yr oergell.
5. Gweinwch y pancos gyda darn o eog, addurn o ferw-dŵr neu gennin syfi, a'r cawl mango mewn powlenni bach unigol, gyda darn o iâ'n arnofio ar yr wyneb.

METHOD

1. Sift flour, salt and pepper into a bowl. Make a well in the centre and add the milk and egg whites; whisk until smooth.
2. Finely chop the dill and stir into batter with mustard.
3. Heat a non-stick frying pan and spray with some oil. Drop spoonfuls of the batter into the pan and cook on each side for about 20 seconds until golden.
4. For the soup, peel and chop the mango then place with other ingredients in a blender and blend into a smooth soup, then chill in the fridge.
5. Serve pancakes topped with salmon, garnished with watercress or chives, alongside individual bowls of the soup with an ice cube floating in it.

1 blodfresych mawr (750g-900g) /
    1 large (750-900g) cauliflower
75g / 3 owns o fenyn Cymreig
    Llangadog / *75g / 3oz Welsh
    butter*
1 winwnsyn wedi'i bilio a'i dorri'n
    fân /
    1 onion, peeled and chopped
150ml / ¼ peint o laeth /
    150ml / ¼ pint milk
3 llwy fwrdd o hufen /
    3 tbsp cream
1 llwy fwrdd o flawd plaen /
    1 tbsp plain flour
1 llwy bwdin o fwstard grawn
    cyflawn /
    1 dsp wholegrain mustard
persli / *parsley*
1 llwy fwrdd o olew / *1 tbsp oil*

CAWL BLODFRESYCH

CAULIFLOWER SOUP

Ar ôl arbrofi a chreu llond sosbenni o wahanol flasau o gawl, dyma fy ffefryn i a gweddill y teulu. Beth sy'n well i gynhesu'r corff ar ôl diwrnod yn oerni'r gaeaf?

DULL

1. Torrwch y blodfresych yn ddarnau bach. Rhowch tua 125g neu 5 owns i'r naill ochr. Gorchuddiwch y gweddill â dŵr berwedig a'u gadael am 3 munud yn unig.
2. Toddwch y menyn mewn ffrimpan a ffriwch y winwnsyn nes ei fod yn feddal. Ychwanegwch y blodfresych, wedi'i ddraenio, a'i ffrio am 2 funud arall. Arllwyswch y llaeth a hanner peint o ddŵr drosto a'i fudferwi am 20 munud.
3. Cymysgwch yr hufen a'r blawd ac ychwanegwch at y cawl nes ei fod yn drwchus, gan ychwanegu pupur a halen yn ôl eich blas.
4. Rhowch y cawl yn yr hylifwr a'i brosesu nes bod y gymysgedd yn hufennaidd.
5. Torrwch y blodfresych sy'n weddill yn ddarnau mân a'u tro-ffrio mewn olew nes eu bod yn euraidd; cymysgwch gyda'r mwstard a'r persli. Gweinwch y cawl mewn dysglau twym, gyda'r blodfresych wedi ffrio'n arnofio ar ben y cawl.

METHOD

1. Break the cauliflower into florets, reserve about 125g or 5oz and cover remainder in boiling water; leave for about 3 minutes.
2. Melt butter in frying pan, and fry the onion until soft.
3. Next add the drained cauliflower and cook for a further 2 minutes. Cover with milk and half pint of hot water; simmer for 20 minutes.
4. Mix the cream and flour, add to soup; mix until thickened; season to taste. Then blend in the blender.
5. Heat oil in pan, cut the remaining cauliflower into pieces and stir-fry until golden. Mix with mustard and parsley and serve floating on soup in hot bowls.

TOMATOS WEDI'U GORCHUDDIO Â CHWSCWS GYDA DIP IOGWRT
COUSCOUS-COATED TOMATOES WITH YOGHURT DIP

Dyma olwg newydd ar yr hen ffefrynnau, tomatos a chiwcymbr. Mae'n gwneud pryd ysgafn ganol dydd neu gwrs cyntaf wedi'i weini gyda dail cymysg. Rhywbeth a ddaeth yn boblogaidd iawn yw cwscws – neu 'cis cis', fel mae rhai aelodau Merched y Wawr wedi'i fedyddio!

CYNHWYSION

1 cwpan o stoc llysiau /
   1 cup vegetable stock
1 cwpan o gwscws /
   1 cup of couscous
1 llwy de o fwstard grawn cyflawn /
   1 tsp wholegrain mustard
1 llwy bwdin o fintys wedi dorri'n
   fân / *1 dsp chopped mint*
4 tomato mawr, ddim yn rhy
   aeddfed / *4 large tomatoes, not
   too ripe*
2 wy wedi'u curo / *2 eggs, beaten*
olew / *oil*
pupur a halen / *salt and pepper*

DIP MINT

1 pot o iogwrt naturiol Rachel's
   Dairy / *1 pot natural yoghurt*
1 ewin o arlleg / *1 garlic clove*
1 llwy de o fintys ffres /
   1 tsp fresh mint
½ ciwcymbr wedi'i dorri'n fân /
   ½ cucumber, finely chopped

DULL

1. Gosodwch y cwscws mewn powlen a'i orchuddio â stoc. Gadewch am 15 munud.
2. Cymysgwch y mwstard a'r mintys i'r cwscws, ac ychwanegwch ychydig o bupur a halen.
3. Sleisiwch y tomatos yn gylchoedd trwchus, yna taenwch wy drostynt cyn gwasgu'r cwscws yn dda dros y cyfan.
4. Cynheswch olew mewn ffrimpan a choginio'r tomatos, tua 3–4 munud bob ochr, nes eu bod yn euraidd ac yn grisp. Rhowch hwy i ddiferu ar bapur cegin.
5. Ar gyfer y dip, cymysgwch y cynhwysion i gyd, a'i weini gyda'r tomatos.

METHOD

1. Place the couscous in a bowl and cover with stock; allow to stand for 15 minutes.
2. Mix the mustard and mint into the couscous and season to taste.
3. Thickly slice the tomatoes, brush with egg and press couscous into the slices, covering the tomato.
4. Heat some oil in a frying pan and cook tomatoes for 3–4 minutes each side, until they are crisp and golden brown. Drain on kitchen paper.
5. For the dip, mix all the ingredients together. Serve with the tomatoes.

CYNHWYSION

450g / 1 pwys o gennin /
    450g / 1lb leeks

halen a phupur / salt and pepper

25g / 1 owns o fenyn Cymreig
    Llangadog /
    25g / 1oz Welsh butter

2 lwy fwrdd o flawd plaen /
    2 tbsp plain flour

150ml / ¼ peint o laeth /
    150ml / ¼ pint milk

2 wy / *2 eggs*

150g / 5 owns o gaws meddal
    garlleg a chennin syfi /
    150g / 5oz garlic and herb soft
    cheese

25g / 1 owns o friwsion bara gwyn /
    25g / 1oz white breadcrumbs

CORONAU CENNIN CYMREIG

WELSH LEEK CROWNS

Rhaid oedd creu rysáit gan ddefnyddio ein symbol ni'r
Cymry, y genhinen. Dyma rysáit sy'n addas iawn i'w
gweini fel cwrs cyntaf ac sy'n ffefryn gennyf adeg Gŵyl
Ddewi.

DULL

1. Irwch 8 dysgl ramekin â menyn.
2. Torrwch y cennin yn gylchoedd a'u golchi; rhowch
   nhw mewn sosban o ddŵr poeth a'u berwi am
   5 munud cyn eu draenio.
2. Rhowch y menyn, y blawd a'r llaeth mewn sosban a'u
   cymysgu, a mudferwi'r saws nes iddo dewhau.
   Ychwanegwch hanner y cennin.
3. Arllwyswch i brosesydd bwyd gyda'r caws, yr wyau
   a'r briwsion a'i wneud yn llyfn.
4. Rhannwch weddill y cennin rhwng yr 8 ramekin a'u
   llenwi â'r gymysgedd. Gosodwch hwy mewn tun
   pobi, wedi'u hamgylchynu â dŵr, a'u gorchuddio â
   ffoil.
5. Pobwch am awr ar 180C/350F/Nwy 4.
6. Gweinwch ar gylchoedd o fara wedi'u tostio.
   Addurnwch â thomatos.

METHOD

1. Grease 8 ramekins with butter. Slice and wash the leeks. Add to a saucepan of hot water and boil for about
   5 minutes.
2. Place butter, flour and milk in a saucepan; blend then simmer to create a thickened sauce, then add half the leeks.
3. Pour into a food processor with eggs, cheese and breadcrumbs; blend until smooth.
4. Divide remaining leeks between 8 ramekins and place in a *bain Marie*. Cover with foil.
5. Bake for 1 hour 180C/350F/Gas 4. Serve hot on toasted bread; garnish with tomatoes.

Salad cynnes o gyw iâr ac oren
Warm chicken and orange salad

Dyma salad cynnes ar gyfer tymor yr hydref a'r gaeaf. Gofalwch fod pawb wrth y bwrdd yn barod gan ei bod yn bwysig bwyta'r pryd hwn yn dwym.

Dull

1. Cymysgwch y mwstard gyda sudd a chroen yr oren mewn powlen i wneud y marinâd.
2. Torrwch y cig yn stribedi ac ychwanegwch at y marinâd. Gadewch yn yr oergell am ddwy awr.
3. Cynheswch yr olew mewn ffrimpan. Tynnwch y cig o'r marinâd a'i ffrio gyda'r mêl am ryw 5 munud.
4. Yna ychwanegwch y marinâd a'i ferwi i roi sglein ar y cig.
5. Gweinwch ar wely o ddail cymysg gyda darnau o oren ffres.

Cynhwysion

1 llwy fwrdd o fwstard grawn cyflawn /
  1 tbsp wholegrain mustard
sudd a chroen 1 oren /
  juice and rind of 1 orange
2 frest cyw iâr, heb y croen /
  2 skinless chicken breasts
1 llwy fwrdd o olew olewydd /
  1 tbsp olive oil
2 lwy fwrdd o fêl Cymreig /
  2 tbsps Welsh honey
1 pecyn o ddail cymysg /
  1 bag mixed lettuce
1 oren wedi'i dorri'n ddarnau /
  1 orange, segmented

Method

1. Mix the mustard with the juice and rind of orange in a bowl. Add chicken strips and marinate for 2 hours.
2. Heat oil in a pan; drain the meat and fry with the honey.
3. After 5 minutes add the marinade and bring to the boil.
4. Spoon over the lettuce and garnish with orange segments.

Byrbrydau Blasus

FRITTATA CORBWMPEN A SELSIG CYMREIG

WELSH SAUSAGE AND COURGETTE FRITTATA

Cefais flas ar *frittata* am y tro cyntaf mewn bistro ym Mharis. Dyna wnaeth fy ysbrydoli i greu'r rysáit hon. Cofiwch ddefnyddio selsig a wnaed gan gigydd lleol. Beth am arbrofi gyda selsig â gwahanol flasau e.e. blas cennin, mêl a pherlysiau?

CYNHWYSION

1 llwy fwrdd o olew olewydd /
1 tbsp olive oil
175g / 6 owns o gorbwmpenni
wedi'u sleisio /
175g / 6oz sliced courgettes
200g / 7 owns o datws newydd
wedi'u coginio /
200g / 7oz cooked new potatoes
4 selsig Cymreig /
4 Welsh sausages
4 wy mawr / *4 large eggs*
1 pot *crème fraîche*
ychydig o gennin syfi /
some chives
halen a phupur / *salt and pepper*

DULL

1. Cynheswch yr olew mewn ffrimpan y gellir ei rhoi yn y ffwrn.
2. Ffriwch y selsig nes eu bod yn frown ar bob ochr; rhowch i'r naill ochr.
3. Ffriwch y corbwmpen a'r tatws am tua 5 munud.
4. Sleisiwch y selsig a'u hychwanegu at y llysiau. Cymysgwch yr wyau a'r *crème fraîche*, ychwanegwch yr halen a'r pupur.
5. Arllwyswch i'r ffrimpan, ac ysgeintiwch y cennin syfi dros y cyfan. Pobwch yn y ffwrn ar 180C/350F/Nwy 4 am 10–15 munud nes ei fod yn euraidd.
6. Gweinwch â salad o ddail cymysg.

METHOD

1. Heat oil in an ovenproof pan and fry the sausages. Remove, then fry the courgettes and potatoes for about 5 minutes until starting to colour.
2. Slice the sausages and add to pan.
3. Whisk the eggs and *crème fraîche*; season to taste.
4. Pour into pan and scatter over chives, bake in the oven 180C/350F/Gas 4 for 10–15 minutes until firm and golden.

TEISENNAU MECRYLL A SAWS RHIWBOB

MACKEREL CAKES WITH RHUBARB SAUCE

Oes, mae yna fwy i riwbob na tharten a chwstard! Beth
am roi cynnig ar y rysáit sawrus hon? Cofiaf Mam-gu'n
coginio mecryll weithiau i frecwast. Dechrau da i'r
diwrnod mae'n debyg, ac i gadw'r corff yn iach.
Cofiwch fwynhau pysgod yn wythnosol fel rhan o'ch
deiet.

DULL

1. Tynnwch groen y mecryll a'u torri'n ddarnau.
2. Cymysgwch gyda'r tatws, y caprys, y persli, y pupur
   a'r halen. Rhannwch yn 8 teisen.
3. Ysgeintiwch â blawd, yna gorchuddiwch ag wy a
   briwsion. Gadewch iddynt oeri yn yr oergell am
   hanner awr.
4. Toddwch y menyn gyda'r olew mewn ffrimpan a
   ffriwch y teisennau nes eu bod yn grisp ac yn euraidd,
   tua 3–4 munud bob ochr.

Y SAWS

Torrwch y rhiwbob yn ddarnau, a'i roi mewn sosban
gyda gweddill y cynhwysion. Mudferwch am 7–8
munud. Gweinwch gyda'r teisennau mecryll a'u
haddurno â berw dŵr a darnau o oren.

METHOD

1. Flake the mackerel and place in a bowl with potatoes, capers, parsley and
   seasoning; mix together.
2. Divide into 8 cakes, dust with flour then dip in egg and breadcrumbs and chill in the fridge for 30 minutes.
3. Melt butter and oil in pan and fry the cakes for 3–4 minutes each side.
4. Slice the rhubarb into pieces and place in saucepan with orange juice, ginger and sugar; simmer for 7–8 minutes.
   Serve with the fish cakes, garnished with orange wedges and watercress.

Brechdanau wedi'u pobi
Baked sandwiches

Dull hawdd o baratoi brechdan wedi'i phobi ar gyfer nifer o bobl amser cinio. Beth am ddefnyddio'r rysáit hon ar gyfer picnic haf? Mae'n ffordd dda o ddefnyddio picl cartref.

Cynhwysion

110g / 4 owns o gaws Cymreig /
   110g / 4oz Welsh cheese
1 winwnsyn coch wedi'i sleisio /
   1 red onion, sliced
3 llwy fwrdd o bicl ffrwythau /
   3 tbsp fruity chutney
1 dorth gron / *1 round loaf*
1 llwy fwrdd o olew olewydd pur /
   1 tbsp olive oil

Dull

1. Holltwch y dorth drwy'r canol. Taenwch y picl dros yr hanner gwaelod yna rhowch haenen o'r winwns a'r caws ar ei ben.
2. Gwasgwch dop y dorth dros y cyfan.
3. Irwch ddarn mawr o ffoil ag olew a'i lapio o amgylch y dorth.
4. Pobwch am 25 munud ar 200C/400F/Nwy 6, nes ei bod yn grisp.
5. Gweinwch y frechdan wedi'i thorri'n ddarnau.

Method

1. Slice the loaf horizontally, spread with chutney then a layer of sliced onion, topped with cheese.
2. Press the top down firmly. Grease a large piece of foil and use to wrap the loaf.
3. Bake for 20 minutes 200C/400F/Gas 6.
4. To serve, cut into wedges.

Cynhwysion

2 wy / *2 eggs*
700g / 1 pwys 8 owns o domatos
    ceirios /
    700g / 1lb 8oz cherry tomatoes
25g / 1 owns o flawd plaen /
    25g / 1oz plain flour
1 pot *crème fraîche*
4 llwy fwrdd o laeth / *4 tbsp milk*
1 llwy fwrdd o gennin syfi /
    1 tbsp chopped chives
75g / 3 owns o gaws Cymreig
    wedi'i gratio /
    75g / 3oz grated Welsh cheese
halen a phupur / *salt and pepper*

Cytew *Clafoutis* tomato
a chennin syfi
Tomato clafoutis with chives

Does dim yn well gen i na blas hyfryd y tomatos, yn gynnes o wres haul y tŷ gwydr. Peidiwch â defnyddio tomatos sy'n or-aeddfed ar gyfer y rysáit hon oherwydd byddant yn chwalu wrth eu coginio.

Dull

1. Irwch 6 dysgl 13cm / 5 modfedd ar draws. Rhannwch y tomatos rhyngddynt.
2. Curwch yr wyau mewn powlen ac ychwanegwch y blawd yn araf.
3. Chwyrlïwch y llaeth a'r *crème fraîche* i ffurfio cytew llyfn.
4. Cymysgwch y cennin syfi i mewn iddo, a hanner y caws. Ychwanegwch ychydig o bupur a halen.
5. Arllwyswch y cymysgedd yn gyfartal i'r 6 dysgl; taenwch weddill y caws a'r cennin syfi drostynt.
6. Pobwch am 20 munud 190C/375F/Nwy 5. Gweinwch yn gynnes gyda salad syml.

Method

1. Grease 6 x 13cm / 5" bowls and divide the tomatoes between them.
2. Beat the eggs in a large bowl with flour; whisk in the *crème fraîche* and milk to make a smooth batter. Add chives, half the cheese and seasoning.
3. Pour into bowls; sprinkle with the remaining cheese. Bake for 20 minutes 190C/375F/Gas 5. Serve warm with a green salad.

Taten bob gyda llenwad *Soufflé*
Soufflé-filled jacket potato

Dyma fyrbryd blasus ac iachus a fydd, rwy'n siŵr, yn ffefryn gan bawb.

Dull

1. Defnyddiwch fforc i wneud tyllau dros y tatws. Coginiwch yn y popty ping ar bŵer uchel am 20 munud.
2. Yn y cyfamser cynheswch olew mewn ffrimpan a ffriwch y winwnsyn am dri munud a'r cig moch am dri munud pellach, a'u rhoi mewn powlen.
3. Rhannwch y brocoli'n ddarnau mân a'u gorchuddio â dŵr berwedig. Tynnwch o'r dŵr ar ôl munud.
4. Yna torrwch y tatws bron drwy eu hanner a thynnwch eu canol. Ychwanegwch y cyfan i'r ddysgl gyda'r brocoli, y perlysiau a'r melyn wy ac ychydig o bupur.
5. Curwch wyn yr wyau nes eu bod yn stiff a'u hychwanegu'n ofalus at y gymysgedd. Rhannwch rhwng y tatws yna gwasgwch y ddau hanner ynghyd. Pobwch am 15 munud ar 200C/400F/Nwy 5 nes eu bod yn euraidd.

Cynhwysion
4 taten bob fawr /
  4 large baking potatoes
1 llwy fwrdd o olew llysiau /
  1 tbsp vegetable oil
1 winwnsyn wedi'i dorri'n fân /
  1 chopped onion
150g / 5 owns o gig moch wedi'i dorri'n fân /
  150g / 5oz chopped bacon
110g / 4 owns o froccoli /
  110g / 4oz broccoli
1 llwy bwdin o berlysiau cymysg /
  1 dsp mixed herbs
2 wy wedi'u gwahanu /
  2 eggs, separated
ychydig o bupur / *pepper to taste*

Method

1. Prick the potatoes all over, microwave on high power for 20 minutes.
2. Heat oil in a pan and fry the onion for 3 minutes. Add the chopped bacon and fry for a further 3 minutes. Remove from heat.
3. Blanch the broccoli.
4. Cut the potatoes in half, scoop out insides. Mix with mixed herbs, yolks, onion, bacon and broccoli. Mix and season.
5. Whisk the egg whites, fold into mixture, then spoon into potato skins. Bring the two halves together and place on a baking tray. Bake for 15 minutes 200C/400F/Gas 5 until golden.

Prif Gyrsiau

HWYADEN GYDA SAWS FFRWYTHAU'R HAF

DUCK WITH SUMMER FRUIT SAUCE

CYNHWYSION

4 brest hwyaden / *4 duck breasts*
250g / 9 owns o ffrwythau
    cymysg: mafon, cwrens coch,
    cwrens duon, ceirios a mwyar
    (gallwch ddefnyddio pecyn o
    ffrwythau wedi'i rewi) /
    250g / 9oz assorted fruit:
    raspberries, blackcurrants,
    redcurrants, cherries and
    blackberries (or a bag of
    frozen summer fruits)
1 winwnsyn wedi'i sleisio /
    1 onion, sliced
1 foronen / *1 carrot*
1 darn o sinamon /
    1 piece of cinnamon stick
2 ewyn garlleg / *2 cloves of garlic*
1 llwy bwdin o sbeis cymysg /
    1 dsp mixed spice
50g / 2 owns o siwgr caster /
    50g / 2oz caster sugar
Sudd 1 oren / *juice of 1 orange*
5 llwy fwrdd o win coch /
    5 tbsp red wine
50g / 2 owns o fenyn /
    50g / 2oz butter

Mae'r rysáit hon yn ffefryn gen i pan fyddaf yn cynnal parti adref. Cyferbyniad da o saws ffrwythau a blas cyfoethog yr hwyaden – hyfryd!

DULL

1. Piliwch y moron a'r winwns a'u torri'n ddarnau. Gosodwch hwy mewn tun rhostio gyda'r garlleg a'r sinamon.
2. Rhwbiwch yr halen a'r sbeis i groen yr hwyaden, a'i rhoi ar ben y llysiau.
3. Pobwch am 20 munud ar 400F/200C/Nwy 6 nes bod y croen yn grisp.
4. Rhowch yr hwyaden ar blât a'i chadw'n gynnes. Arllwyswch y cymysgedd llysiau i sosban gan ychwanegu hanner y ffrwythau, y gwin, y sudd oren a'r siwgr. Mudferwch i'w leihau ychydig, yna gwthiwch drwy hidlwr i sosban arall ac ychwanegwch weddill y ffrwythau; cynheswch gydag ychydig o fenyn i roi sglein i'r saws.
5. Gweinwch drwy sleisio'r hwyaden a'i gosod ar blât gyda'r saws. Byddai cennin wedi'u ffrio a thatws yn berffaith i gwblhau'r pryd.

METHOD

1. Peel and chop the carrots and onions and place in a roasting tin, with garlic and cinnamon.
2. Rub seasoning into duck and roast on top of the vegetables for 20 minutes at 400F/200C/Gas 6 until crisp and golden.
3. Remove duck and keep warm, place the vegetables mixture from the tin in a saucepan with half the fruit, wine, orange juice and sugar; bring to a simmer then push through a sieve. Now add the remaining fruit; heat through with the butter for shine.
4. Slice the duck breast ; serve with sauce, leeks and potatoes.

4 darn o eog, tua 175g / 6 owns yr un /
4 x 175g / 6oz salmon steaks
halen a phupur / *salt and pepper*
sypyn o goriander /
bunch of coriander
150g / 5 owns o gaws gafr meddal
Cymreig /
150g / 5oz soft goats' cheese
50g / 2 owns o friwsion bara /
50g / 2oz breadcrumbs
1 llwy fwrdd o olew olewydd /
1 tbsp olive oil
1 llwy bwdin o fwstard cyflawn /
1 dsp wholegrain mustard
175g / 6 owns o ffa /
175g / 6oz broad beans
175g / 6 owns o bys *mangetout* /
175g / 6oz mangetout
50g / 2 owns o fenyn /
50g / 2oz butter

EOG CYMREIG GYDA THOPIN O GORIANDER

WELSH SALMON WITH CORIANDER TOPPING

Gallwch hefyd fwynhau'r eog fel cwrs cyntaf gyda salad – yn yr ardd yng ngwres yr haul!

DULL

1. Torrwch y coriander yn fân a'i gymysgu â'r caws gafr.
2. Yna gosodwch yr eog ar hambwrdd pobi â'r croen am i lawr; taenwch y gymysgedd caws dros yr eog.
3. Cymysgwch y briwsion a'r mwstard a'u dodi'n haenen dros yr eog; arllwyswch ychydig olew drostynt yn ysgafn.
4. Pobwch am 10–15 munud ar 200C/400F/Nwy 6 nes bod y crwst yn euraidd.
5. Berwch y *mangetout* a'r ffa am ychydig funudau mewn dŵr, draeniwch a rhyddhewch y ffa o'u plisgyn llwyd; cymysgwch â'r menyn.
6. Gweinwch yr eog ar wely o lysiau a'i addurno â leim.

METHOD

1. Finely chop the coriander and mix with goats' cheese.
2. Place salmon steaks on baking tray and spread with the cheese mixture.
3. Combine the mustard and breadcrumbs; sprinkle over salmon and drizzle with oil. Bake for 10–15 minutes 200C/400F/Gas 6.
4. Boil the beans and mangetout for a couple of minutes, drain and remove grey skin from beans. Toss in butter and serve salmon on a bed of vegetables garnished with lime.

CYNHWYSION

Llenwad

1 wylys / *1 aubergine*
1 corbwmpen / *1 courgette*
1 pupur melyn / *1 yellow pepper*
10 tomato ceirios /
    10 cherry tomatoes
1 genhinen wedi'i thorri'n
    gylchoedd /
    1 leek cut into rounds
110g / 4 owns o gaws Caerffili
    wedi'i falu /
    110g / 4oz Caerphilly cheese,
    crumbled
3 llwy fwrdd o olew olewydd /
    3 tbsp olive oil
1 pot *creme fraîche*
2 wy wedi'u curo / *2 beaten eggs*
1 llwy de o hadau pabi /
    1 tsp poppy seeds

Y crwst perlysiau

225g / 8 owns o flawd plaen /
    225g / 8oz plain flour
hanner llwy de o halen /
    half tsp salt
110g / 4 owns o fenyn /
    110g / 4oz butter
1 llwy bwdin o deim wedi'i
    dorri'n fân /
    1 dsp chopped thyme.

TARTEN LLYSIAU RHOST

ROAST VEGETABLE TART

Rydym yn cael ein cynghori nawr i fwyta 5 darn o lysiau a ffrwythau bob dydd. Gobeithio y bydd y rysáit hon yn ddefnyddiol ar gyfer llysieuwyr yn ogystal.

DULL

1. Paratowch y llysiau drwy eu torri'n ddarnau, yna rhowch nhw mewn tun pobi. Cymysgwch â'r olew, a'u rhostio am 15 munud ar 200C/400F/Nwy 6, yna gadewch i oeri.
2. Rhwbiwch y braster i'r blawd yna ychwanegwch yr halen a'r teim. Clymwch gyda 2 lwy fwrdd o wy wedi'i guro ac ychydig o ddŵr. Gadewch i'r toes orffwys yn yr oergell am 10 munud.
3. Rholiwch y toes i greu cylch 38cm / 15". Gosodwch ar hambwrdd pobi. Brwsiwch y toes ag ychydig o wy a rhoi'r llysiau yn ei ganol, gan adael 10cm / 4" o gwmpas yr ymyl. Taenwch y caws drosto, plygwch y toes dros ymyl y llysiau, a brwsiwch â rhagor o wy.
4. Curwch weddill yr wyau a'r *crème fraîche* ac arllwyswch i'r darten. Gwasgarwch hadau pabi drosto. Pobwch am 25 munud ar 200C/400F/Nwy 6.

METHOD

1. Cut the vegetables into chunks. Place in a roasting tin, coat with some oil and roast for 15 minutes 200C400F/Gas 6, leave to cool.
2. Rub fat into flour, add salt and thyme; add some egg and water to bind and leave for 10 minutes.
3. Roll pastry into 38cm / 15" circle; place on a baking tray, brush with egg and pile vegetables in the centre, leaving about 10cm / 4" around the edge. Sprinkle with cheese and fold pastry over the edge, making a free-form tart.
4. Beat the remaining eggs into *crème fraîche*; pour into tart; brush with some egg and bake for 25 minutes 200C/400F/Gas 6.

BOLOGNESE GORAU CYMRU 1997
WALES'S BEST BOLOGNESE 1997

CYNHWYSION

450g / 1 pwys o friwgig eidon /
   450g / 1lb minced beef
1 genhinen / *1 leek*
110g / 4 owns o eirin sych wedi'u
   torri'n fras /
   110g / 4oz dried prunes,
   roughly chopped
ychydig o fasil ffres /
   some fresh basil
1 llwy fwrdd o bast tomato /
   1 tbsp sun-dried tomato paste
½ peint o win coch Cymreig /
   ½ pint Welsh red wine
1 tun o domatos ceirios /
   1 tin of cherry tomatoes
110g / 4 owns o domatos wedi'u
   sychu yn yr haul /
   110g / 4oz sun-dried tomatoes
halen a phupur/ *salt and pepper*

addurn – darn o fasil ffres a chaws
   wedi'i gratio /
   to garnish – fresh basil and
   grated cheese

Braint oedd derbyn yr anrhydedd hon mewn cystadleuaeth a gynhaliwyd gan y Comisiwn Cig a Da Byw yn 1997. Dyma fi felly'n ei rhannu â chi er mwyn i chi gael ei blasu – a chyfle i'w beirniadu!

DULL
1. Cyneswch olew mewn ffrimpan a ffriwch y cig am 10 munud.
2. Sleisiwch y genhinen a'i golchi cyn ychwanegu at y cig; ffriwch am 2 funud eto.
3. Torrwch y tomatos sych yn ddarnau mân a'u hychwanegu at y cig, ynghyd â gweddill y cynhwysion; ychwanegwch halen a phupur a'r past tomato yn ôl y blas. Mudferwch am 20–30 munud nes ei fod wedi lleihau a thewhau.
4. Cyn gweini, cymysgwch y basil ffres, wedi'i rwygo, i'r gymysgedd.
5. Gweinwch ar nyth o *spaghetti* gyda chaws ynghyd â darn o fasil yn goron ar y cyfan.

METHOD
1. Heat oil in a pan and fry the mince for 10 minutes.
2. Slice and wash the leek. Add to the mince; fry for a further 2 minutes.
3. Finely chop the sun-dried tomatoes; add to the meat with the other ingredients, season to taste. Now stir in the sun-dried tomato paste, cover and cook for 20–30 minutes to reduce and thicken.
4. Before serving add torn basil; serve with spaghetti, flakes of cheese and a sprig of basil.

CIG OEN CYMRU GYDA SALAD BETYS A MINTYS

WELSH LAMB WITH BEETROOT AND MINT SALAD

CYNHWYSION

150g / 5 owns o ffacbys Puy /
  150g / 5oz Puy lentils
150g / 5 owns o ffa gwyrdd /
  150g / 5oz green beans
4 llwy fwrdd o olew olewydd /
  4 tbsp olive oil
2 ffiled o gig oen, tua 275g /
  10 owns yr un /
  *2 x 275g / 10 oz fillets of Welsh
  lamb*
4 llwy fwrdd o win coch /
  4 tbsp red wine
1 llwy fwrdd o finegr gwin coch /
  4 tbsp red wine vinegar
350g / 12 owns o fetys wedi'u
  coginio /
  350g / 12oz cooked beetroot
1 winwnsyn coch wedi'i sleisio /
  1 red onion, sliced
50g / 2 owns o gnau cyll wedi'u
  malu /
  50g / 2oz chopped hazelnuts
ychydig o ddail mintys /
  a handful of mint leaves

Dyma rysáit sydd wir yn ffefryn gen i. Cyfle i ddefnyddio cig oen Cymru a betys ffres o'r ardd – does dim sy'n well. Pryd modern a soffistigedig, a golwg newydd ar ginio Sul!

DULL

1. Rhowch y ffacbys mewn sosban, eu gorchuddio â dŵr oer a'u mudferwi am 20 munud; draeniwch a'u rhoi mewn powlen.
2. Coginiwch y ffa mewn dŵr berw am 3 munud; tynnwch o'r dŵr a'u sychu ar bapur cegin.
3. Cynheswch 1 llwy fwrdd o olew mewn ffrimpan a ffriwch y cig oen am 10 munud. Rhowch ar blât a'i rolio yn y cnau; gadewch iddo orffwys cyn ei roi mewn ffwrn isel a'i goginio am 5 munud arall.
4. Rhowch y gwin yn y ffrimpan; tynnwch oddi ar y gwres a chwyrlïo'r finegr a'r olew iddo, yna ychydig o halen a phupur.
5. Piliwch a thorrwch y betys yn chwarteri a'u cymysgu â'r ffacbys, y ffa, yr winwns a'r mintys mewn powlen ac yna ychwanegwch y saws o'r ffrimpan.
6. Sleisiwch y cig, gweinwch ar blât gyda'r salad a'r saws o amgylch.

METHOD

1. Cook the lentils in a large pan of boiling water for 20 minutes. Drain and place in a bowl.
2. Blanch the beans and pat dry
3. Heat 1 tbsp of oil in frying pan; fry the lamb for 10 minutes. Sprinkle with nuts; transfer to low oven, cook for 5 minutes.
4. Add wine to the pan and reduce, remove from heat and whisk in the vinegar and remaining oil; season to taste.
5. Combine the lentils, beans, beetroot, onion and mint with the dressing, slice the lamb; arrange on plates with the salad, garnish with mint and dressing.

Pwdinau

1 pecyn o grwst pwff /
   1 packet of puff pastry
1 wy wedi'i guro / *1 beaten egg*
25g / 1 owns o almonau mân /
   25g / 1oz ground almonds
4 banana / *4 bananas*
sudd 1 lemwn / *juice of 1 lemon*
2 lwy fwrdd o jam bricyll /
   2 tbps apricot jam

Saws toffi
75g / 3 owns o siwgr brown meddal /
   75g / 3oz soft brown sugar
150g / 5 owns o driog euraidd /
   150g / 5oz syrup
50g / 2 owns o fenyn /
   50g / 2oz butter
5 llwy fwrdd o hufen /
   5 tbsp cream

TARTENNI BANANA CYFLYM GYDA SAWS TOFFI
QUICK BANANA TARTS WITH TOFFEE SAUCE

Bydd blas bananas bob amser yn gwella wrth eu coginio, ac o'u cyfuno â saws toffi, daw hwn yn bwdin i'r brenin!

DULL
1. Rholiwch y toes a'i dorri'n gylchoedd 5" o faint. Brwsiwch â'r wy. Sgeintiwch yr almonau drostynt gan adael ychydig o ymyl hebddynt.
2. Sleisiwch y bananas, a'u cymysgu â'r sudd lemwn, yna gosodwch hwy'n gylchoedd taclus ar ben y toes. Brwsiwch â jam.
3. Pobwch am 15–20 munud ar 200C/400F/Nwy 6.
4. I baratoi'r saws rhowch y siwgr, y triog a'r menyn mewn sosban a'u toddi dros dymheredd isel i greu saws toffi. Yna ychwanegwch yr hufen.
5. Gweinwch y darten mewn pwll o saws toffi wedi'i addurno â hufen a mintys.

METHOD
1. Roll out the pastry and cut into 5" circles, brush with egg and scatter over the almonds leaving an edge.
2. Slice the bananas and mix with lemon juice then arrange in the centre of pastry. Brush with jam. Bake for 15–20 minutes 200C/400F/Gas 6.
3. For the sauce, place the sugar, syrup and butter in a saucepan and heat gently to form a rich toffee sauce. Serve the tartlets in a pool of sauce; decorate with cream and mint.

FY NHREIFFL SIOCLED I
MY CHOCOLATE TRIFLE

2 myffin siocled /
  2 chocolate muffins
2 lwy fwrdd o frandi /
  2 tbsp brandy
175g / 6 owns o eirin sych /
  175g / 6oz prunes
3 llwy fwrdd o goffi poeth /
  3 tbsp hot coffee
1 tun o gwstard hufennog
  Llangadog/ *1 tin custard*
175g / 6 owns o siocled o ansawdd
  da /
  *175g / 6oz good quality
  chocolate*
½ peint o hufen dwbwl /
  ½ pint double cream

fel addurn – rhagor o hufen
  trwchus a phowdwr siocled
*to decorate – more cream and
  cocoa powder*

Gan fod fy nhreiffl toffi twym wedi bod yn gymaint o ffefryn mewn arddangosfeydd, rwyf wedi creu treiffl o fath arall i'ch temtio chi a gweddill y teulu.

DULL

1. Rhowch yr eirin sych mewn powlen a'u gorchuddio â choffi poeth a brandi. Gadewch i fwydo.
2. Torrwch y myffins yn giwbiau a'u dodi yng ngwaelod 4 cwpan neu wydryn, yna rhannwch yr eirin a'r hylif coffi rhyngddynt.
3. Rhannwch y cwstard rhwng y gwydrau, yn haenen dros y sbwng.
4. Toddwch y siocled yn raddol mewn powlen dros ddŵr poeth. Curwch yr hufen nes iddo dewhau ychydig a chymysgwch yn araf i'r siocled. Rhannwch rhwng y gwydrau eto.
5. I orffen, rhowch ychydig o hufen ar ben y treifflau a'u sgeintio â phowdwr siocled.

METHOD

1. Place prunes in a bowl; cover with coffee and brandy, leave to soak.
2. Cut the muffins into cubes and place in the base of 4 glasses then divide the prunes and coffee between them, followed by the custard.
3. Melt chocolate in a bowl over hot water, beat the cream to soft peaks and fold into the chocolate; divide between the glasses.
4. To finish, top with cream and dust with cocoa powder.

Llenwad

2 wy / *2 eggs*
12 llwy fwrdd o hufen dwbl /
12 tbsp double cream
croen a sudd 2 oren /
rind and juice of 2 oranges
200g / 7 owns o gnau coco /
200g / 7oz coconut
150g / 5 owns o siwgr mân /
150g / 5oz caster sugar
150g / 5 owns o fafon /
150g / 5oz raspberries

Y crwst

225g / 8 owns o flawd plaen /
225g / 8oz plain flour
25g / 1 owns o siwgr eisin /
25g / 1oz icing sugar
110g / 4 owns o fenyn wedi'i
dorri'n ddarnau /
110g / 4oz cubed butter
1 wy wedi'i guro / *1 beaten egg*

Saws Mafon

150g / 5 owns o fafon /
150g / 5oz raspberries
25g / 1 owns o siwgr eisin /
25g / 1oz icing sugar
sudd hanner lemwn /
juice of half a lemon

TARTEN CNAU COCO A MAFON

COCONUT AND RASPBERRY TART

Dyma bwdin fydd yn dod ag ychydig o flas y Caribî i geginau Cymru.

DULL

1. Rhwbiwch y braster i'r blawd a'r siwgr, clymwch gyda'r wy a 2–3 llwy fwrdd o ddŵr oer.
2. Rholiwch yn ddigon mawr i orchuddio tun pobi 23cm / 9". Gadewch iddo orffwys mewn oergell am 20 munud.
3. Gorchuddiwch y toes â phapur saim a'i lenwi â ffa. Pobwch am 10–15 munud 160C/325F/Nwy 3, yna rhyddhau'r papur o ganol y toes. Gadewch iddo oeri.
4. Cymysgwch gynhwysion y llenwad mewn powlen ac arllwyswch i'r crwst, yna gwasgarwch y mafon dros y toes, a'i bobi am 35 munud arall; gadewch iddo oeri.
5. Ar gyfer y saws mafon, rhowch y cynhwysion mewn hylifwr a'u malu, yna hidlo'r cyfan drwy rhidyll. Torrwch ddarn o'r darten a'i gweini ar blat wedi'i hamgylchynu â saws mafon gydag addurn o fintys. Mae hon yn hyfryd gyda hufen iâ hefyd.

METHOD

1. Rub the fat into the flour, add sugar and bind with the egg and 2–3 tbsp water.
2. Roll out and use to line a 23cm / 9" flan tin. Leave to rest in the fridge for 20 minutes.
3. Line the pastry case with greaseproof paper and fill with dried beans. Bake for 10–15 minutes 160C/325F/Gas 3; remove paper.
4. Mix together the ingredients for the filling and pour into case. Scatter raspberries over the filling. Bake for 35 minutes and leave to cool.
5. For the sauce, place all the ingredients in a blender and mix. Push through a sieve. Cut tart into wedges and serve with sauce; decorate with mint; great with ice cream.

Y Pwdin

110g / 4 owns o flawd codi /
110g / 4oz self raising flour
110g / 4 owns o fenyn wedi
meddalu /
110g / 4oz softened butter
2 wy / _2 eggs_
110g / 4 owns o siwgr brown
meddal /
110g / 4oz soft brown sugar
1 llwy de o bowdwr pobi /
1 tsp baking powder
1 llwy de o bowdwr sinsir /
1 tsp ginger
2 llwy fwrdd o farmalêd /
2 tbsp marmalade

Y saws oren

6 llwy fwrdd o hufen dwbwl /
6 tbsp double cream
6 llwy fwrdd o ddŵr poeth /
6 tbsp hot water
1 llwy fwrdd o farmalêd /
1 tbsp marmalade

PWDINAU MARMALÊD WEDI'U STEMIO
MARMALADE STEAMED PUDDINGS

Gan fy mod yn paratoi cynifer o botiau o farmalêd ym mis Ionawr, dyma fynd ati felly i greu pwdin er mwyn ei ddefnyddio! Oes, mae yna fwy i farmalêd nag ar y tost boreol!

DULL

1. Llenwch yr agerwr â dŵr a rhowch i fudferwi'n araf.
2. Irwch 6 pot pwdin bach, a gosodwch gylch o bapur saim ar waelod pob un.
3. Hufennwch y menyn a'r siwgr nes eu bod yn ysgafn, a hidlo'r blawd, y powdwr pobi a'r sinsir iddo. Ychwanegwch yr wyau a chymysgwch y cyfan yn ysgafn.
3. Rhennwch y marmalêd rhwng y potiau ac yna arllwyswch y gymysgedd sbwng ar ei ben. Gosodwch ddarn o ffoil drostynt a'u selio, yna eu hageru am 25 munud – cofiwch gadw llygad ar lefel y dŵr.
4. Ar gyfer y saws, rhowch y cynhwysion mewn sosban a'u cynhesu.
5. Rhyddhewch y pwdinau o'r potiau a gweinwch ar blatiau mewn pwll o saws oren.

METHOD

1. Fill a steamer with water and place over heat.
2. Grease 6 pudding pots and place a disc of greasproof paper in base of each.
3. Cream the butter and sugar until soft and light and sift in flour, baking powder and ginger. Gradually add the eggs, folding lightly.
4. Divide the mixture between pots, cover with a piece of foil and steam for about 25minutes – remember to keep an eye on the water level.
5. Heat the sauce ingredients in a saucepan until combined. Remove puddings from pots and serve surrounded by orange sauce.

Terrine o ffrwythau'r haf

Summer fruit terrine

Mae'r pwdin hwn yn edrych yn drawiadol ac mae'n hawdd iawn i'w baratoi. Dyma rysáit addas i rai sydd ar ddeiet, oherwydd does dim braster ynddo.

Cynhwysion

½ peint o sudd mafon a llugaeron /
½ pint cranberry and raspberry juice

pecyn a hanner o bowdwr gelatin /
1½ sachets powdered gelatine

125g / 5 owns o fefus wedi'u sleisio /
125g / 5oz sliced strawberries

125g / 5 owns o rawnwin du a gwyrdd /
125g / 5oz black and green grapes

1 eirinen wlanog wedi'i sleisio /
1 sliced peach

Dull

1. Leiniwch dun torth maint 450g / 1 pwys â clingfilm.
2. Cynheswch y sudd mewn sosban a chymysgwch y gelatin iddo i'w doddi.
3. Gosodwch y mefus yng ngwaelod y tun a'u gorchuddio ag ychydig o'r jeli. Rhowch yn yr oergell i oeri – cadwch weddill y jeli'n gynnes neu bydd yn caledu'n rhy fuan.
4. Yna gosodwch yr eirin gwlanog yn y tun ac ychwanegwch ychydig yn rhagor o'r jeli a'i oeri eto yn yr oergell. Torrwch y granwin yn eu hanner a chymysgwch hwy gyda gweddill y jeli i lenwi'r tun. Oerwch yn yr oergell am tua 2 awr.
5. Yna rhyddhewch y *terrine* o'r tun a'i sleisio (gan ddefnyddio cyllell wedi'i thwymo) a'i weini gyda digon o iogwrt – un isel mewn braster, wrth gwrs!

Method

1. Line a 450g / 1lb loaf tin with clingfilm.
2. Heat the juice in a saucepan and add the gelatine; stir to melt.
3. Arrange strawberries in the base of tin and pour over some jelly. Chill in the fridge.
4. Next add a layer of peaches and more jelly and chill again. Then halve the grapes and use to fill the tin with the remaining jelly. Chill in the fridge for about 2 hours.
5. Remove from the tin; cut into slices and serve with plenty of low-fat yoghurt.

Danteithion
i de

Bisgedi cnau cyflym
Quick nutty biscuits

Dyma fisgedi menyn bychain a fydd yn toddi yn eich ceg, ac yn diflannu'n gyflym o'r tun! Maent yn hyfryd ar gyfer ymwelwyr annisgwyl i de, neu gyda chwpanaid o de a chlonc yng nghyfarfod Merched y Wawr!

Dull

1. Malwch y cnau yn y prosesydd bwyd nes eu bod yn ddarnau bras. Tynnwch eu hanner o'r prosesydd cyn malu'r gweddill yn fwy mân.
2. Hufennwch y menyn a'r siwgr mewn powlen a'u curo nes eu bod yn ysgafn, yna ychwanegwch y cnau, y blawd a'r almonau i greu toes meddal.
3. Ffurfiwch yn beli bach a'u gwasgu â fforc ar hambwrdd pobi.
4. Pobwch am 12 munud ar 190C/375F/Nwy 5 nes eu bod yn euraidd. Yna rhowch ar rac wifren i oeri cyn eu sgeintio â siwgr eisin.

Method

1. Coarsely chop nuts in a food processor, remove half and finely chop the remainder.
2. Cream the butter and sugar in a bowl, gradually adding the nuts, flour and ground almonds to create a soft dough.
3. Form into small balls and press with a fork onto a baking tray. Bake for 12 minutes 190C/375F/Gas 5 until crisp and golden.
4. When cooked, place on a cooling rack and dust with icing sugar.

CYNHWYSION
225g / 8 owns o flawd codi /
    225g / 8oz self-raising flour
50g / 2 owns o fenyn /
    50g / 2oz butter
50g / 2 owns o siwgr caster /
    50g / 2oz caster sugar
4 llwy fwrdd o laeth / 4 tbsp milk
1 eirinen wlanog ffres (neu 1 tun
    bach) / 1 peach (or small tin)
1 llwy de o sinamon /
    1 tsp cinnamon
ychydig o laeth i roi sglein /
    a little milk
1 llwy fwrdd o siwgr brown bras /
    1 tbsp coarse brown sugar

SGONIAU EIRIN GWLANOG
PEACH SCONES

Mae sgoniau bob amser yn cael eu cysylltu ag amser te, felly rhaid oedd cynnwys y rysáit hon, sy'n rhoi blas newydd ar yr hen ffefrynnau.

DULL

1. Hidlwch y blawd a'r sinamon i bowlen fawr yna rhwbiwch y menyn i'r gymysgedd i greu ansawdd briwsion bara.
2. Torrwch yr eirinen wlanog yn ddarnau ac ychwanegwch hwy i'r gymysgedd ynghyd â'r siwgr caster.
3. Cymysgwch yn does meddal gyda'r llaeth; curwch yn ysgafn.
4. Gwasgwch yn gylch, yna marciwch yn 8 darn. Gosodwch ar hambwrdd pobi.
5. Brwsiwch y sgoniau â llaeth a'u hysgeintio â siwgr brown. Pobwch am 15–20 munud ar 200C/400F/Nwy 7 nes eu bod yn euraidd.
6. Gadewch iddynt oeri yna torrwch y sgoniau yn eu hanner ar draws y canol. Llenwch â hufen a'ch hoff jam.

METHOD

1. Sift flour and cinnamon into a bowl, and rub in butter to form a breadcrumb consistency.
2. Cut the peach into pieces and add to the mixture with caster sugar.
3. To soften the dough, mix with milk.
4. Press out into a circle on a greased baking tray, mark into 8 pieces, brush with milk and sprinkle over brown sugar.
5. Bake for 15–20 minutes 200C/400F/Gas 7 until well risen and golden; leave to cool before serving with cream and your favourite jam.

450g / 1 pwys o grwst pwff /
450g / 1lb puff pastry
1 tun o gwstard Llangadog /
1 tin custard
ychydig ddiferion o rinflas fanila /
a few drops of vanilla essence
2 wy / *2 eggs*
50g / 2 owns o siwgr eisin /
50g / 2oz icing sugar
1 llwy de o sinamon /
1 tsp cinnamon

TARTENNI CWSTARD CYMREIG
WELSH CUSTARD TARTLETS

Dyma dartenni hyfryd a greais gan ddefnyddio cwstard hufennog Llangadog. Maent yn flasus ac yn syml i'w paratoi. Rwy'n siŵr y byddant yn ffefryn gan bawb amser te.

DULL

1. Rholiwch y toes, a thorrwch 12 cylch ohono. Defnyddiwch hwy i leinio tun myffin.
2. Mewn jwg fawr curwch y cwstard, y fanila a'r wyau a rhannwch rhwng y tartenni.
3. Pobwch am 35–40 munud ar 190C/375F/Nwy 5. Gadewch iddynt oeri yn y tun.
4. Ysgeintiwch gymysgedd o siwgr eisin a sinamon drostynt. Rhowch hwy o dan y gril nes bod y siwgr wedi carameleiddio.

METHOD

1. Roll out the pastry and cut out 12 circles using a cutter; use to line muffin tins.
2. In a large jug mix the custard, vanilla and eggs then divide between the cases. Bake for 35–40 minutes 190C/375F/Gas 5. Leave to cool.
3. Sprinkle with icing sugar and cinnamon and grill until caramelized.

350g / 12 owns o siocled gwyn
wedi dorri'n ddarnau /
*350g / 12oz white chocolate,
broken into pieces*

3 wy / *3 eggs*

150g / 5 owns o siwgr mân /
150g / 5oz caster sugar

10g / 4 owns o gnau pecan /
110g / 4oz pecan nuts

75g / 3 owns o fricyll sych wedi'u
torri'n fân /
*75g / 3oz dried apricots finely
chopped*

175g / 6 owns o flawd plaen /
175g / 6oz plain flour

50g / 2 owns o almonau mân /
50g / 2oz ground almonds

SGWARIAU BRICYLL A CHNAU PECAN
APRICOT AND PECAN SQUARES

Dyma rysáit hawdd i'w pharatoi. Mae'r bricyll yn
ychwanegu lleithder a ffeibr i'r pice. Beth am i chi blant
helpu i'w coginio a'u mwynhau yn eich pecyn bwyd
amser cinio?

DULL

1. Irwch a leiniwch dun 23cm / 9" sgwâr.
2. Toddwch y menyn a 200g / 8 owns o'r siocled mewn
   powlen dros ddŵr twym; gadewch iddo oeri ychydig
   cyn ychwanegu'r wyau a'r siwgr.
3. Yna plygwch y cnau, y bricyll, yr almonau, y blawd a
   gweddill y siocled i'r gymysgedd. Arllwyswch i'r tun
   a'i bobi am 35 munud ar 190C/375F/Nwy 5.
4. Gadewch iddo oeri ar rac wifren cyn ei dorri'n 16
   sgwâr.

METHOD

1. Grease and line 23cm / 9" square tin.
2. Melt butter and 200g / 8oz of chocolate in a bowl over simmering water. Leave to cool slightly before adding the
   eggs.
3. Next fold in the nuts, apricots, ground almonds, flour and remaining chocolate. Pour into a tin, bake for 35 minutes
   190C/375F/Gas 5.
4. Leave to cool on a wire rack before cutting into 16 squares.

TEISEN SIOCLED A MERINGUE

CHOCOLATE AND MERINGUE GATEAU

Dyma rysáit a luniais ar gyfer cyfres o eitemau
'danteithion i de' ar raglen *Prynhawn Da* ar S4C. Roedd
yn ffefryn gan y gwylwyr – a'r criw wrth gwrs! Mae
hefyd yn syniad da fel cacen pen-blwydd.

DULL

1. Irwch 2 dun sbwng a'u lenio â phapur saim.
2. Rhowch y powdwr siocled mewn powlen a chymysgwch gyda'r dŵr poeth nes ei fod yn llyfn.
3. Hufennwch y menyn a'r siwgr nes eu bod yn ysgafn gan ychwanegu'r wyau a'r gymysgedd siocled.
4. Rhidyllwch y blawd a'r powdwr soda iddo, a'i gymysgu i greu ansawdd cytew. Rhannwch rhwng y tuniau.
5. Curwch wyn yr wyau nes eu bod yn stiff gan ychwanegu'r siwgr yn raddol i greu meringue. Taenwch y meringue dros y gymysgedd sbwng. Pobwch am 40 munud ar 160C/325F/Nwy 3.
6. Yna rhyddhewch y teisennau o'r tuniau, a'u gadael i oeri ar rac wifren gyda'r meringue am i fyny.
7. Curwch yr hufen a'i osod ar ben y meringue. Torrwch y *Crunchie*'n ddarnau a'i wasgaru dros yr hufen. Gosodwch un deisen ar ben y llall.

CYNHWYSION

50g / 2 owns o bowdwr siocled / *50g / 2oz cocoa powder*
8 llwy fwrdd o ddŵr poeth / *8 tbsp hot water*
110g / 4 owns o fenyn meddal / *110g / 4oz softened butter*
225g / 8 owns o siwgr caster / *225g / 8oz caster sugar*
2 wy / 2 eggs
175g/ 6 owns o flawd codi / *175g/ 6oz self raising flour*
½ llwy de o bowdwr soda / *½ tsp of bicarbonate of soda*
1 pot / 284 ml hufen / *1 pot / 284ml cream*
1 bar *Crunchie*

Meringue

2 wyn wy / *2 egg whites*
110g / 4 owns o siwgr caster / *110g / 4oz caster sugar*

METHOD

1. Grease 2 sponge tins; line with greaseproof paper.
2. Place the cocoa in a bowl and mix with hot water until smooth.
3. Cream the butter and sugar until light, adding the eggs and chocolate mixture.
4. Sift in flour and soda powder to create a batter consistency. Divide between the tins.
5. Whisk the egg whites adding sugar to create meringue. Spread over both cakes.
6. Bake for 40 minutes 160C/325F/Gas 3, then remove from tins; leave to cool.
7. Whip the cream and spread over both cakes. Roughly chop the *Crunchie* and scatter over cream then place one cake on top of the other.

Tipiau a Thriciau

1. Os yw eich tomatos yn araf i gochi, rhowch nhw mewn bag papur gyda banana. Bydd y tomatos yn goch o fewn dim!

2. I osgoi arogl bresych yn y gegin wrth eu coginio, rhowch gorcyn gwin i ferwi yn y dŵr gyda'r bresych; fyddwch chi byth yn dioddef o hen sawr bresych eto.

3. Ydy'r blodfresych yn colli eu lliw wrth eu coginio? Rhowch ychydig o sudd lemwn neu ddiferyn o finegr gwyn yn y dŵr wrth eu berwi.

4. Rwy'n siŵr eich bod chi, fel fi, wedi gorfod sgwrio a chrafu ambell i sosban; beth am ddefnyddio darn o riwbob y tro nesaf i ryddhau'r llosg!

5. Syniad da er mwyn cynhesu dysgl i weini llysiau, er mwyn ei chadw'n gynnes dros ginio, yw cynhesu'r ddysgl dros y sosban wrth i'r llysiau goginio.

6. Os am ryddhau mwy o sudd o ffrwythau sitrig – oren, leim neu lemwn – cynheswch hwy yn y popty ping am ychydig funudau'n gyntaf. Os nad oes gennych bopty ping, rholiwch y ffrwythau'n ysgafn ar y bwrdd.

7. Eisiau creu meringue sy'n ysgafnach ac yn fwy crisp? Defnyddiwch wyau sydd ar dymheredd yr ystafell yn hytrach nag yn syth o'r oergell.

8. I arbed llaeth neu gwstard rhag losgi mewn sosban, rhowch ychydig o ddŵr yng ngwaelod y sosban yn gyntaf.

9. Ateb syml i ryddhau mêl o'r pot: cynheswch y pot yn y popty ping!

10. I wneud cytew crempog ysgafnach: cyfnewidiwch un owns o flawd am un owns o flawd corn yn ei le. Yn ôl Mam-gu, mae defnyddio ychydig o eira yn y gymysgedd yn ffordd dda o'i ysgafnhau hefyd!

11. Os am fwy o flas siocled mewn teisen siocled, beth am ychwanegu llond llwy de o bowdr coffi? Mae'n rhyfedd, ond mae'n gweithio!

12. Angen cadw'r bisgedi'n grisp yn y tun bisgedi? Rhowch haenen o siwgr ar y gwaelod.